Franco Luise

Risotto *originale*

Echt italienisch genießen

Die 10 goldenen Regeln eines gelungenen Risottos

In vielen Teilen der Welt erfreut sich der Reis großer Beliebtheit, als Risotto kommt er in der italienischen Küche zu besonderen Ehren. Trotz seiner einfachen Zubereitung findet man dieses schlichte und dennoch raffinierte Gericht auch auf erlesenen Tafeln, und an ihm müssen sich selbst gute Köche messen lassen. Für einen gelungenen Risotto sind folgende Grundregeln zu beachten:

1 Den richtigen Reis wählen

Trotz der unterschiedlichen Reissorten, die man derzeit auf dem Markt findet, eignen sich nur wenige für einen Risotto. Die Sorten Carnaroli und Vialone-Nano wären hier zu nennen, denn sie enthalten mehr Stärke und bleiben dank der Konsistenz der Reiskörner bissfest, also „al dente". Außerhalb Italiens empfiehlt sich die Sorte Arborio, auch wenn es aufgrund der Beschaffenheit seiner Körner schwieriger ist, diesen Reis richtig zu kochen. Arborio ist weicher als die beiden oben genannten Sorten und hat ein rundes Korn.

2 Die Brühe

Der endgültige Geschmack des Risottos hängt von der Wahl der richtigen Brühe ab:
- Eine Gemüsebrühe ist dann zu empfehlen, wenn er neutral sein soll: z. B. bei Gemüserisottos oder bei Risottos, in denen der Geschmack der Grundzutat im Vordergrund stehen soll.
- Fischfond wird vor allem bei Fisch- oder Meeresfrüchterisottos verwendet. In der gehobenen italienischen Küche wird der Reis zunächst mit dem Fischfond gekocht und dann mit einem Schaltierfond aromatisiert.
- Schaltierfond verwendet man bei der Zubereitung von Risottos mit Hummer, Scampi, Gamberi oder anderen Schaltieren. Er verstärkt den Endgeschmack des Risottos.
- Fleisch- oder Hühnerbrühe verwendet man in der italienischen Küche bei Gemüserisottos oder anderen Zutaten, die nicht aus dem Wasser kommen.

3 Die Würze der Brühe

Die Verwendung einer faden Brühe ist einer der schlimmsten Fehler, den man bei der Risottozubereitung begehen kann. „Il brodo" – die Brühe – muss kräftig sein (Achtung: würzig, aber nicht salzig!), damit der Risotto anschließend einen guten Geschmack hat. Normalerweise benötigt ein Risotto, der mit einer schmackhaften Brühe zubereitet wurde, nur wenig Salz und Pfeffer. Natürlich muss man ihn – wenn nötig – zum Schluss mit Salz und Pfeffer abschmecken, aber dies ist viel einfacher, wenn er mit einem guten Fond oder einer kräftigen Brühe zubereitet wurde.

4 Die Temperatur der Brühe

Dem Reis muss immer heiße Brühe (an der Kochgrenze) zugegeben werden, damit er gleichmäßig, bei gleichbleibender Temperatur, weitergaren kann.

5 Die Mengen

Man rechnet durchschnittlich mit 70–80 g Reis pro Person. Kocht man den Reis, so verdreifacht er sein Volumen. Fügt man viele Zutaten wie Gemüse, Fisch, Fleisch, Meeresfrüchte oder Schaltiere hinzu, ist die pro Person zu berechnende Menge geringer.

6 Die Wahl der Zutaten

Über die Empfehlungen und Rezepte dieses Buches hinaus kann jeder seiner Phantasie bei der Risottozubereitung freien Lauf lassen. Frische und qualitativ hochwertige Produkte sind immer zu bevorzugen, um das bestmögliche Ergebnis zu erzielen. Dabei ist zu beachten, dass nicht zu viele Zutaten verwendet werden, damit sie sich im Risotto noch geschmacklich unterscheiden lassen.

7 Die Garzeit

Der Reis wird, bevor man ihn ablöscht, zuerst mit Zwiebeln oder Schalotten (die etwas milder sind) in etwas Öl und/oder Butter angeschwitzt. Durch diese Vorgehensweise bleibt der Reis „al dente" und löst sich während des Kochens nicht auf.
Die durchschnittliche Garzeit eines bissfesten Risottos beträgt 18–20 Minuten, es kann je nach Alter und Sorte der verwendeten Reiskörner auch wenige Minuten länger dauern. Die Garzeit beginnt, wenn der Reis mit etwas Wein abgelöscht wurde und dann nach und nach mit heißer Brühe aufgegossen wird.

8 Die Wahl des Risottotopfs

Ein Kochtopf mit dickem Boden oder ein Topf, der die Wärme gut leitet, erlaubt ein gleichmäßiges Garen des Risottos. Spezielle Risottotöpfe mit abgerundeten Wänden, wie z.B. solche aus flammfester Keramik, eignen sich hervorragend dazu: Der Risotto kocht bei geringer Hitzezufuhr langsam und gleichmäßig und er lässt sich leichter rühren und mischen.

9 Der Wein

Den Reis mit trockenem Weißwein abzulöschen ist zwar nicht zwingend erforderlich, aber wie man in Italien zu sagen pflegt: „Reis wird im Wasser geboren und stirbt im Wein". Für Risottos mit Gemüse verwendet man besser keinen Wein, denn er passt selten zu deren Geschmack – mit Ausnahme von Artischocken und Radicchio, die auch mit Rotwein zubereitet werden können.

10 Das Verfeinern

Die sogenannte „mantecatura" oder das Verfeinern des Risottos ist das Finale bei der Zubereitung dieses Gerichts. Hierdurch wird der Risotto cremig und kompakt. Um die richtige Konsistenz zu erhalten, benötigt man:
- kalte Butter in kleinen Würfeln
- geriebenen Parmesan

Ganz wichtig ist, den Risotto zum Verfeinern immer vom Herd zu nehmen! Die Butter kann auch durch natives Olivenöl ersetzt werden – oder aber man verwendet beides: Butter und Olivenöl. Dabei ist zu beachten, dass das letzte Verfeinern das A und O eines gelungenen Risottos ist, und ihm die richtige Konsistenz verleiht. Risotto muss auf einem flachen Teller serviert werden können. Beim Risotto handelt es sich nicht um einen Eintopf, auch wenn die Stärke den Risotto beim Kochen bindet und diesen dadurch eindickt. Wird der Risotto auf einen Teller gegeben, muss er sich langsam zum Rand hin ausbreiten. Der Risotto kühlt am Tellerrand schneller aus. Daher beginnt man mit dem Essen auch vom Rand her, nachdem man zuvor mit der Gabel kleine Rillen gezogen hat, damit er rascher abkühlt. Andernfalls müsste man viel zu lange warten, um den Risotto zu kosten. Was die Verfeinerung von Risottos mit Fisch, Schaltieren und Muscheln betrifft, gibt es in Italien zwei Schulen: Manche verzichten gänzlich auf Butter und Parmesan, andere wiederum verwenden sie, wenn auch in geringen Mengen. Der Unterschied im Geschmack ist groß und es ist viel darüber gestritten worden. Ich finde es jedoch sinnlos, dafür Regeln aufzustellen, denn die Wahl – Butter oder keine Butter – sollte jeder nach seinem Geschmack entscheiden.

Anmerkung zur Zubereitungszeit

Bei meinen Angaben zur durchschnittlichen Zubereitungszeit des Risottos habe ich die Zeit für das Zubereiten der Brühe nicht mitgerechnet. Dort ist nur die durchschnittliche Zubereitungszeit der Zutaten vor dem Kochen erwähnt. Die Brühe kann bereits einige Tage vorher zubereitet und bis zu ihrer Verwendung im Kühl- oder Gefrierschrank aufbewahrt werden.

Die richtige Brühe

Die folgenden Rezepte sind auf etwa zwei Liter Brühe oder Fond ausgelegt. Diese Menge reicht aus, um einen Risotto für vier Personen zuzubereiten. Etwa die Hälfte der Brühe bleibt übrig, sie kann im Gefrierschrank aufbewahrt und für weitere Risottos verwendet werden. Brühe auf Vorrat zuzubereiten erweist sich als strategisch klug: so kann auch im letzten Moment noch ein Risotto gezaubert werden.

Hühner- oder Rinderbrühe:

4 l Wasser
ca. 4 Hühnerschenkel (ca. 450 g) oder
600 g mageres Rindfleisch (am besten ein Stück von Schulter oder Brust)
1 Karotte
1 Zwiebel
1 Stange Staudensellerie
1 reife Tomate
2 Lorbeerblätter
1 Bund Petersilie
grobes Salz
5 schwarze Pfefferkörner, zerstoßen

Gemüse waschen, Karotte und Zwiebel schälen, Strunk von der Tomate entfernen. Gemüse würfeln und in einem Topf mit kaltem Wasser aufsetzen. Hühnerschenkel oder Rindfleisch hinzufügen, mit Lorbeerblättern, Petersilie und zerstoßenen Pfefferkörnern sowie einer guten Prise Salz würzen.
Das Ganze langsam zum Kochen bringen, mit einem Schaumlöffel abschäumen, dann köcheln lassen, bis das Fleisch gar ist. Die fertige Brühe durch ein feines Sieb abgießen und warm halten.
Die Brühe kann auch mit gemischtem Fleisch zubereitet werden. Dadurch gewinnt die Brühe deutlich an Geschmack. Wird die Brühe im Voraus zubereitet, lässt sich das Fett an der Oberfläche im abgekühlten Zustand leichter entfernen. Dadurch wird die Brühe etwas leichter.

Fischfond:

1 Zwiebel
2 Stangen Staudensellerie
100 g Lauch
natives Olivenöl
500 g Fischgräten (Seezunge, Seebarsch, Seeteufel, Goldbrasse usw.) oder Suppenfisch (Skorpionfisch, Knurrhahn)
140 ml trockener Weißwein
2 Lorbeerblätter
1 Bund Petersilie
5 weiße Pfefferkörner, zerdrückt
3 l Wasser, grobes Salz

Gemüse putzen, waschen, würfeln und in einem Topf mit etwas Olivenöl bei niedriger Hitze anschwitzen. Fischabschnitte in große Stücke schneiden, dazugeben und die Hitze steigern. Das Ganze ein paar Minuten anbraten und mit Weißwein ablöschen. Unter Rühren bei starker Hitze kochen, bis der Wein ganz verdunstet ist. Lorbeerblätter, Petersilie und Pfefferkörner hinzufügen. Mit reichlich kaltem Wasser aufgießen, Hitze reduzieren und mit einer Prise grobem Salz würzen. Die Brühe langsam zum Kochen bringen und etwa eine Stunde köcheln lassen. Die an die Oberfläche gestiegenen Trübstoffe mit einem Schöpflöffel abschäumen.
Den Fond durch ein feines Sieb abgießen.

Schaltierfond:

3 l Wasser
400–500 g Hummerpanzer, Scampi oder andere
Schaltiere
1 Zwiebel
2 **Stangen** Staudensellerie
100 g Lauch
2 reife Tomaten
1 Knoblauchzehe, geschält
1 **EL** Tomatenmark
140 ml trockener Weißwein
100 ml Brandy oder Cognac
2 Lorbeerblätter
1 **Zweig** Estragon
5 schwarze Pfefferkörner, grob zerstoßen
grobes Salz
Olivenöl

Gemüse waschen, Zwiebel schälen und den Strunk bei den Tomaten entfernen. Gemüse würfeln und ohne Tomaten mit Knoblauchzehe in einem Topf in etwas Olivenöl anbraten. Die Panzer der Schaltiere hinzufügen, Hitze steigern und das Ganze braun anrösten. Anschließend mit Brandy oder Cognac flambieren, Weißwein hinzugießen und verdunsten lassen. Tomatenmark und -würfel hinzufügen und mit Lorbeerblättern, Estragon, Petersilie und Pfeffer würzen. Mit reichlich kaltem Wasser aufgießen, eine Prise grobes Salz dazugeben, langsam zum Kochen bringen und gut eine Stunde köcheln lassen. Gelegentlich die Schwebstoffe mit einem Schöpflöffel abschäumen oder mit einem kleinen Schöpflöffel entfernen. Den Fond zum Schluss durch ein feines Sieb gießen (evtl. das Sieb mit Gaze auslegen).

Gemüsebrühe:

4 l Wasser
1 Karotte (geschält), 1 Zwiebel (geschält)
2 **Stangen** Staudensellerie
1 Zucchino
2 reife Tomaten
50 g Champignons
1 **Handvoll** frischer Spinat
100 g Lauch
2 Lorbeerblätter
5 weiße Pfefferkörner, zerstoßen
1 **Bund** Petersilie
Salz

Gemüse waschen, von den Tomaten den Strunk entfernen. Gemüse in kleine Stücke schneiden. Alle Zutaten in einem Topf mit kaltem Wasser aufsetzen. Mit Lorbeerblättern, zerstoßenem Pfeffer, Petersilie und einer Prise grobem Salz würzen, zum Kochen bringen und gut eine Stunde köcheln lassen. Gelegentlich die an die Oberfläche gestiegenem Trübstoffe mit einem Schaumlöffel oder einem kleinen Schöpflöffel entfernen. Die Brühe zum Schluss durch ein feines Sieb gießen.

Risottotöpfe aus Flame®-Keramik eignen sich besonders gut zum Risottokochen, da das Material die Hitze gleichmäßig weiterleitet und der Risotto dadurch nicht anklebt. Der abgerundete Übergang zwischen Topfrand und -boden erleichtert das Rühren und Mischen. Man kann sie sowohl auf Gas- und Elektroplatten als auch im Backofen verwenden. Beim Servieren halten sie den Risotto schön heiß. Es gibt sie in zwei Größen (2,4 l und 3,6 l) und in verschiedenen Farben.

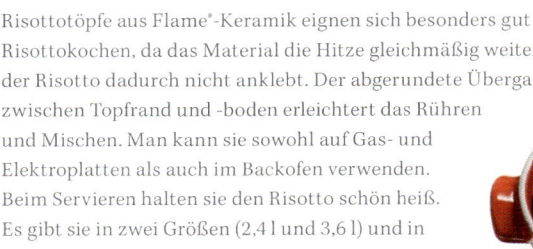

1. Zwiebeln anschwitzen

Dieser Arbeitsschritt wird im Italienischen „il soffritto" genannt. Dabei werden in einem Risottotopf bei schwacher Hitze etwas Olivenöl und ein Stück Butter geschmolzen und gehackte Zwiebeln oder Schalotten darin angeschwitzt.

2. Reis anbraten

Bei der sogenannten „tostatura" wird der Reis hinzugefügt und bei kleiner Flamme unter Wenden angebraten, bis die Reiskörner glasig sind.

3. Mit Wein ablöschen

Mit einem guten trockenen Weißwein ablöschen (siehe auch meine Anmerkung auf Seite 5), der vollständig verdunsten muss, bevor dem Risotto schöpflöffelweise die heiße Brühe hinzugefügt wird.

4. Risotto kochen

Während der „cottura" köchelt der Risotto bei kleiner Hitze immer leicht vor sich hin. Heiße Brühe schöpflöffelweise hinzufügen; sie muss jeweils ganz vom Reis aufgenommen sein, bevor weitere Flüssigkeit nachgegossen wird. Wenige Minuten vor Ende der Kochzeit dem Risotto die Hauptzutaten hinzufügen (Fleisch, Fisch, Meeresfrüchte, bereits blanchiertes Gemüse, Gewürze usw.). Die Garzeit des Risottos beträgt etwa 18–20 Minuten und variiert je nach Qualität der verwendeten Reissorte. Darauf achten, dass dem Reis gegen Ende der Garzeit nicht zu viel Flüssigkeit hinzugefügt wird.

Den Topf nach Ende der Garzeit vom Herd nehmen, der Reis sollte dabei noch deutlich bissfest sein, denn er gart durch die in Topf und Reis gespeicherte Hitze noch etwas nach! Kräuter (z. B. gehackte Petersilie) erst ganz am Schluss hinzufügen, um zu verhindern, dass sie durch die Hitze ihr intensives Grün verlieren. In vielen Büchern wird erwähnt, Risotto müsse immer gerührt werden. Dies ist meiner Meinung nach ein Mythos, der zustande kam, weil Risotto in unzureichendem Kochgeschirr schnell am Boden kleben bleibt und anbrennen kann. Wird jedoch ein Topf mit dickem Boden verwendet und auf eine ständige und ausreichende Zugabe von Flüssigkeit geachtet, ist dies nicht nötig.

5. Das Verfeinern

Für die „mantecatura", die den Risotto verfeinert, die kalten Butterwürfel und den Parmesan mit einem Holzlöffel kräftig unterrühren, bis die Butter ganz geschmolzen ist. Der Risotto muss zum Schluss gebunden und cremig sein. Danach noch ein paar Minuten zugedeckt ruhen lassen, damit sich der Geschmack voll entfalten kann. Dann den Risotto sofort heiß servieren.

Spargelrisotto mit Taleggio

Zubereitung: 30 Min. ✳ Garzeit Brühe: 1 Stunde ✦ Spargel: 3–4 Min. ✦ Risotto: 18–20 Min.

Spargelbrühe

2 l Wasser

½ Zwiebel

1 Lorbeerblatt

5 weiße Pfefferkörner, zerstoßen

Salz

Risotto

600 g grüner Spargel

4 EL Schalotten, fein gehackt (ca. 30 g)

2–3 EL natives Olivenöl (ca. 20 ml)

50 g Butter

250 g Reis

100 g Taleggio-Käse*, klein gewürfelt

* Taleggio ist ein italienischer Weichkäse aus Kuhmilch, der leicht schmilzt und daher perfekt zum Risotto passt. Das würzige Aroma von Rohmilch-Taleggio ist einzigartig. Eine Alternative können andere Rotschmiere-Weichkäse wie Weinkäse, Reblochon, Pont L'Eveque oder Munster sein.

Spargelbrühe

Spargel waschen, putzen, das untere, harte Drittel entfernen. Mit einem Kartoffelschäler den mittleren Teil der Spargelstangen schälen. Die Spitzen abschneiden und zum Dekorieren des Risottos aufheben. Den mittleren Teil der Spargel in kleine Würfel schneiden.

Zutaten für die Brühe in einen Topf geben, gewaschene Spargelschalen und -enden hinzufügen. Das Ganze zum Kochen bringen und rund eine Stunde köcheln lassen. Abschließend die Brühe durch ein feines Sieb gießen.

In der Zwischenzeit die Spargelspitzen ein paar Minuten in sprudelnd heißem Salzwasser kochen – darauf achten, dass sie bissfest bleiben! – abseihen, mit kaltem Wasser abschrecken und beiseite stellen.

Risotto

Im Risottotopf Schalottenwürfel in etwas Olivenöl mit einem kleinen Stück Butter anbraten. Spargelwürfel dazugeben, Hitze reduzieren und etwa 10 Minuten anschwitzen.

Reis hinzufügen, ein paar Minuten anbraten, dann mit der Spargelbrühe nach und nach aufgießen und den Risotto – wie auf Seite 9 beschrieben – kochen.

Wenn er „al dente" ist, den Risotto vom Herd nehmen, mit der restlichen Butter und den Taleggio-Würfeln verfeinern und die Spargelspitzen unterrühren – einen Teil davon dekorativ auf der Oberfläche verteilen. Sofort servieren.

Tipp

Dieses Rezept schmeckt auch mit weißem Spargel.

Risotto mit Salatherzen und Hähnchenbrust

Zubereitung: 15 Min. ✳ Garzeit Hähnchen: 10 Min. ✦ Risotto: 18–20 Min.

Risotto

2 Salatherzen, z. B. Romana

1 große rote Zwiebel,
z. B. italienische Tropea (oval, aromatisch-mild)

300 g Hähnchenbrust

Salz und weißer Pfeffer aus der Mühle

4–5 EL natives Olivenöl (ca. 40 ml)

50 g Butter

300 g Reis

70 ml trockener Weißwein

1 l Hühnerbrühe

(Grundrezept Seite 6)

5 EL Parmesan, gerieben (ca. 30 g)

Salat waschen und putzen. Die äußeren grünen Blätter entfernen (sie können später als Salat angerichtet werden), die hellen zarten Salatherzen in Blättchen teilen.
Zwiebel schälen und in feine Spalten schneiden.

Den Backofen auf 180 °C vorheizen.
Hähnchenbrust salzen und pfeffern. In einer Pfanne mit 1 EL Olivenöl von allen Seiten anbraten. Anschließend im vorgeheizten Backofen rund zehn Minuten weitergaren. Etwas abkühlen lassen und in dünne Scheiben schneiden.

Restliches Olivenöl mit einem kleinen Stück Butter im Risottotopf erhitzen und die Zwiebelspalten bei schwacher Hitze anbraten.
Den Reis einige Minuten anbraten, bis er glasig wird. Danach mit Weißwein ablöschen und den Wein verdunsten lassen, bevor mit dem ersten Schöpflöffel heißer Brühe aufgegossen wird.

Risotto wie auf Seite 9 beschrieben kochen und darauf achten, dass er „al dente" bleibt. Risottotopf von der Herdplatte nehmen und den Risotto mit der restlichen Butter und dem Parmesan verfeinern. Zum Schluss die Hähnchenbrustscheiben und rohen Salatherzen vorsichtig unterrühren. Mit etwas Salz und Pfeffer aus der Mühle abschmecken und sofort servieren.

Tipp

Der Risotto ist heiß genug, um die zarten Salatblättchen zu garen, dennoch behalten sie dabei ihre Farbe. Daher immer erst kurz vor dem Servieren hinzufügen.

Fenchelrisotto mit Meerbarbenfilets

Zubereitung: 30 Min. ✳ Garzeit Fenchel: 20–25 Min. ✦ Risotto: 18–20 Min.

350 g Fenchel

60 ml natives Olivenöl

Salz und weißer Pfeffer aus der Mühle

ca. 1 l Gemüsebrühe

(Grundrezept Seite 7)

8 Meerbarbenfilets

60 g Butter

4 EL Schalotten, fein gehackt (ca. 30 g)

250 g Reis

5 EL Parmesan, gerieben (ca. 30 g)

Tipp
Meerbarbenfilets so anbraten, dass die Haut dabei nicht zerstört wird, denn ihre lebhafte Farbe ergibt einen schönen Kontrast zum Risotto.

Den Backofen auf 180 °C vorheizen.
Fenchel waschen und putzen, gegebenenfalls die äußeren, harten Hüllblätter entfernen. Die grünen Stängel abschneiden und das Kraut für die Dekoration aufheben. Fenchel in dünne Spalten teilen und jeweils den unteren, härteren Teil abschneiden.

Ein Backblech mit wenig Öl einfetten, salzen, pfeffern und mit den Fenchelspalten belegen. Den Fenchel auch von oben mit etwas Olivenöl überträufeln, mit Salz und Pfeffer würzen.
Backblech mit Alufolie abdecken und das Gemüse im vorgeheizten Ofen 15 Minuten garen. Danach die Alufolie entfernen und den Fenchel weitere 10–15 Minuten im Ofen leicht bräunen.
Die Hälfte des gebackenen Fenchels beiseite stellen, die andere Hälfte mit einem Schöpflöffel heißer Gemüsebrühe pürieren.

Meerbarbenfilets in einer beschichteten Pfanne mit Olivenöl anbraten. Mit Salz und Pfeffer würzen und warm halten.

In einem Risottotopf 2 EL Olivenöl und ein kleines Stück Butter erhitzen. Schalotten darin anbraten. Den Reis dazugeben und einige Minuten unter Rühren anbraten, dann mit heißer Brühe ablöschen. Wenn die Flüssigkeit aufgesogen ist, schöpflöffelweise weitere Brühe hinzufügen.
Fünf Minuten vor Ende der Kochzeit das Fenchelpüree einrühren und den Risotto fertig garen, bis er „al dente" ist.

Den Risotto vom Herd nehmen, mit der restlichen Butter und dem Parmesan verfeinern. Mit wenig Salz, frisch gemahlenem Pfeffer und feingehacktem Fenchelkraut würzen.
Zum Servieren den Risotto in eine Schale geben, mit Fenchelspalten, etwas Fenchelkraut und den Meerbarbenfilets anrichten.

Risotto mit süß-sauren Zwiebelchen im Parmaschinkenmantel

Zubereitung: 15 Min. ✳ Garzeit Frühlingszwiebeln: 20–25 Min. ✦ Rouladen: 5–6 Min.
✦ Risotto: 18–20 Min.

Zwiebeln im Parmamantel

300 g Frühlingszwiebeln*

50 g Zucker, 100 ml Weißweinessig

1 Schöpflöffel Hühnerbrühe
(Grundrezept Seite 6)

Salz/weißer Pfeffer aus der Mühle

8–10 Scheiben Parmaschinken

etwas Olivenöl für das Backblech

Risotto

50 g Parmaschinken (1 dicke
Scheibe), in Würfel geschnitten

2–3 EL natives Olivenöl (ca. 20 ml)

50 g Butter, 300 g Reis

70 ml trockener Weißwein

ca. 1 l Hühnerbrühe
(Grundrezept Seite 6)

5 EL Parmesan, gerieben (ca. 30 g)

2 EL alter Aceto Balsamico

Salz/weißer Pfeffer aus der Mühle

* Frühlingszwiebeln sind weiße, junge
Zwiebeln mit ca. 4 cm dicker Knolle,
das frische Grün ist noch dran. Sie sind
nicht zu verwechseln mit den schlanken
Lauchzwiebeln.

Zwiebeln im Parmamantel: Frühlingszwiebeln waschen, putzen, den grünen oberen Teil und die Wurzeln entfernen. Die Zwiebeln in schmale Spalten schneiden.

In einer Pfanne den Zucker bei mäßiger Hitze schmelzen lassen, bis er karamellisiert. Weißwein- oder guten Sherryessig hinzufügen und den Karamell darin auflösen, Hitze reduzieren und den dabei entstandenen Sirup ein paar Minuten köcheln lassen.

Frühlingszwiebeln hinzufügen und mit einem Schöpflöffel heißer Brühe ablöschen, leicht salzen und pfeffern. Einen Deckel auflegen und bei mittlerer Hitze etwa 20 Min. köcheln lassen.

Frühlingszwiebeln aus dem Sirup nehmen, abtropfen und abkühlen lassen.

Den Backofen auf 180 °C vorheizen.

Schinkenscheiben ausbreiten und darin je eine Spalte der Frühlingszwiebeln aufrollen. Restliche Zwiebeln klein hacken.

Das Backblech mit wenig Olivenöl einfetten, Rouladen darauf anordnen und im vorgeheizten Backofen fünf bis sechs Minuten backen.

Risotto: Im Risottotopf die Schinkenwürfel in etwa 2 EL Olivenöl mit einem kleinen Stück Butter anbraten. Den Reis hinzugeben und unter Rühren braten, bis er glasig wird.

Mit trockenem Weißwein ablöschen. Erst wenn die Flüssigkeit aufgesogen ist, die Brühe hinzufügen. Den Risotto während des Kochens mit den klein gehackten Frühlingszwiebeln und mit dem Sirup würzen.

Wenn der Reis „al dente" ist, den Risotto von der Herdplatte nehmen, mit der restlichen Butter und dem Parmesan verfeinern. Bei Bedarf mit Salz und frisch gemahlenem Pfeffer abschmecken.

Schinkenrouladen dekorativ auf dem Risotto anordnen, mit altem Balsamico beträufeln und servieren.

Risotto mit grünen Erbsen und Jakobsmuscheln

Zubereitung: 20 Min. ✴ Garzeit Erbsen: 15–20 Min. ✦ Jakobsmuscheln: 3–4 Min. ✦ Risotto: 18–20 Min.

4 EL Schalotten, fein gehackt (ca. 30 g)

4–5 EL natives Olivenöl

250 g frische Erbsen

70 ml Wasser

Salz und weißer Pfeffer aus der Mühle

8 küchenfertige Jakobsmuscheln, ausgelöst, mit Corail

60 g Butter

250 g Reis

ca. 1 l Hühnerbrühe
(Grundrezept Seite 6)

5 EL Parmesan, gerieben (ca. 30 g)

1 Dillzweig

Schalotten in einem Topf mit 2 EL Olivenöl anbraten, Erbsen hinzufügen und die Hitze reduzieren. Mit dem Wasser ablöschen. Bei Bedarf mit etwas Salz und Pfeffer abschmecken. Den Deckel auflegen und die Erbsen bei schwacher Hitze weiter köcheln lassen, bis sie weich sind. Währenddessen die Jakobsmuscheln kurz unter fließendem kaltem Wasser säubern und mit Küchenpapier abtrocknen.
Einige gegarte Erbsen herausnehmen und beiseite legen, restliche Erbsen pürieren.

Im Risottotopf bei schwacher Hitze in 2 EL Olivenöl ein kleines Stück Butter schmelzen. Den Reis hinzufügen, unter Rühren erhitzen, bis er glasig wird und mit einem Schöpflöffel heißer Hühnerbrühe ablöschen. Den Rest der Brühe nach und nach einarbeiten und den Risotto hin und wieder umrühren.
In einer beschichteten Pfanne die gesalzenen und gepfefferten Jakobsmuscheln zwei bis drei Minuten auf jeder Seite mit dem restlichen Olivenöl anbraten.

Das Erbsenpüree etwa fünf Minuten vor Ende der Garzeit unter den Risotto rühren und durchziehen lassen. Der Reis muss noch „al dente" sein.
Den Topf von der Herdplatte nehmen, Risotto mit der restlichen Butter und dem geriebenen Parmesan verfeinern, die beiseite gelegten Erbsen unterziehen. Bei Bedarf mit etwas Salz und frisch gemahlenem Pfeffer abschmecken. Jakobsmuscheln auf dem Risotto anordnen, mit Dillzweig dekorieren und sofort servieren.

Tipp
Statt der Jakobsmuscheln Gamberoni oder andere Schaltiere verwenden. Wundern Sie sich nicht, wenn ich für dieses Rezept Hühnerbrühe vorziehe. Wenn Schaltiere nur zur Garnitur verwendet werden, schafft ein würzig schmeckender Risotto den idealen Kontrast zu deren süßlich schmeckendem Fleisch.

Risotto *mit Spinat und Parmesan*

Zubereitung: 10 Min. ✷ Garzeit: 18–20 Min.

100 g junger Spinat (mit kleinen
und zarten Blättern)
60 ml natives Olivenöl
50 g Butter
4 EL Schalotten, fein gehackt
(ca. 30 g)
300 g Reis
1 l Gemüsebrühe
(Grundrezept Seite 7)
50 g Parmesan, gerieben
Salz und Pfeffer aus der Mühle
etwas Vinaigrette

Spinat vorsichtig waschen, falls nötig die härteren Stiele entfernen.
Eine Handvoll Blätter für die Garnitur beiseite legen.

Im Risottotopf Schalotten in 2 EL Olivenöl mit einem kleinen Stück
Butter anbraten. Reis hinzufügen und unter Rühren ein paar Minuten
erhitzen, bis er glasig wird. Mit einem Schöpflöffel heißer Gemüsebrühe ablöschen, nach und nach die restliche Brühe einarbeiten, bis
der Reis „al dente" ist.
Etwa fünf Minuten vor Ende seiner Garzeit die Spinatblätter und das
restliche Olivenöl hinzufügen.

Risotto mit der restlichen Butter und dem Parmesan verfeinern und
bei Bedarf mit etwas Salz und frisch gemahlenem Pfeffer abschmecken.
Risotto zum Servieren auf die Teller geben und mit in etwas Vinaigrette marinierten, frischen Spinatblättern belegen.

Tipp
*Der Kontrast zwischen kalt und heiß bzw. zwischen roh und gekocht, den
man in diesem Rezept bei jedem Bissen schmeckt, ist interessant.*
*Dieser Risotto kann auch mit etwas altem Aceto Balsamico beträufelt
oder mit dünn gehobelten schwarzen Trüffelscheiben belegt werden.*

Pilaw-Reiskuchen und Zucchiniblüten

Für 1 Kuchenform mit 24 cm Ø und hohem Rand ✳ Zubereitung: 15 Min. ✳ Garzeit: 35 Min.

Kuchen

250 g Reis
700 ml Gemüsebrühe
(Grundrezept Seite 7)
50 g Butter
Semmelbrösel oder Mie de pain für die Kuchenform
4 Eier, getrennt
50 g Parmesan, gerieben
½ unbehandelte Bio-Zitrone, Schalenabrieb
12 Zucchiniblüten
1 Prise Muskatnuss, frisch gerieben
Salz und weißer Pfeffer aus der Mühle

Garnitur

8 Zucchiniblüten
Erdnussöl zum Frittieren
100 g Mehl, Type 405
1 Prise Salz
100 ml eiskaltes Wasser

Tipp
Eine aromatische, hausgemachte Sauce aus frischen Tomaten dazu servieren!

Kuchen: Backofen auf 200 °C vorheizen.
Reis unter fließendem Wasser waschen, in den Risottotopf geben und mit der kochenden Brühe übergießen. Zum Kochen bringen, den Deckel auflegen und im vorgeheizten Ofen bei 200 °C etwa 30 Minuten kochen lassen.
Der Reis ist fertig, wenn die ganze Brühe aufgesogen ist. Reis auf ein Backblech geben, dünn ausstreichen und abkühlen lassen. Mit Küchenfolie bedecken.
Die zwölf Zucchiniblüten waschen, abtropfen lassen, Stängel und Stempel entfernen. Die Blüten in dünne Streifen schneiden.
Butter erhitzen, mit einem Pinsel eine runde Kuchenform damit fetten und mit den Bröseln ausstreuen.
Eiweiß steif schlagen.
Den abgekühlten Reis in eine Schüssel geben und mit dem Parmesan, den Eigelben, der restlichen geschmolzenen Butter, dem Zitrusschalenabrieb, einer Prise Salz, frisch gemahlenem weißen Pfeffer, ein wenig geriebener Muskatnuss und den in Streifen geschnittenen Zucchiniblüten vermengen. Zum Schluss den Eischnee unterziehen.
Backofen auf 180 °C vorheizen.
Reismasse in die vorbereitete Kuchenform geben, glattstreichen und im vorgeheizten Ofen auf der zweiten Schiene von unten 35 Minuten backen.

Garnitur: Acht Zucchiniblüten waschen, abtropfen lassen, Stängel und Stempel entfernen. Blüten ins Tiefkühlfach geben, damit sie hart werden.
Das Frittieröl erhitzen.
Für den Teig das Mehl mithilfe eines kleinen Schneebesens mit dem leicht gesalzenen Eiswasser glatt rühren.
Die gefrorenen Zucchiniblüten rasch in den Teig tunken und im heißen Öl frittieren, bis sie goldbraun sind. Aus dem Öl nehmen und auf Küchenpapier abtropfen lassen.
Den Kuchen aus der Form nehmen und vor dem Servieren mit den frittierten Blüten dekorieren.

Zitronenrisotto mit Basilikum und Hummer

Zubereitung Hummer: ca. 1 Stunde (Sud zubereiten, Hummer kochen und abkühlen lassen)
✳ Garzeit Hummer: 12 Min. ✚ Risotto: 18–20 Min.

Hummer

2 l Wasser

1 Zwiebel

1 Karotte

1 Selleriestange

2 Lorbeerblätter

70 ml trockener Weißwein

Salz und Pfefferkörner

1 Hummer (ca. 600 g)

Risotto

1 Bund frisches Basilikum

100 ml natives Olivenöl

1 Knoblauchzehe, geschält

4 EL Schalotten, fein gehackt

(ca. 30 g)

300 g Reis

ca. 1 l Schaltierfond

(Grundrezept Seite 7)

70 ml trockener Weißwein

1 unbehandelte Bio-Zitrone, Schale und Saft

Salz und weißer Pfeffer aus der Mühle

Hummer

Alle Zutaten bis auf den Hummer in einen Topf geben, zum Kochen bringen und rund zehn Minuten kochen. Dann den Hummer in den kochenden Sud gleiten lassen, den Deckel auflegen, festhalten und zwölf Minuten kochen. Den Hummer herausnehmen und mit einem feuchten Tuch bedecken.
Hummer abkühlen lassen; den Panzer knacken und das Fleisch aus dem Schwanz und den Scheren herauslösen. Das Fleisch aus dem Schwanz in dünne Scheiben schneiden, das Fleisch der Scheren ganz lassen.

Das Basilikum waschen, Blätter abzupfen und auf einem Küchentuch trocknen lassen. Basilikumblätter mit 3–4 EL Olivenöl pürieren. Das Pesto kühl aufbewahren.

Im Risottotopf die Knoblauchzehe mit ca. 2 EL Olivenöl anbraten. Die Knoblauchzehe vor dem Anbraten der Schalotten entfernen. Den Reis zu den angebratenen Schalotten hinzufügen und ein paar Minuten unter Rühren erhitzen, bis er glasig wird. Mit trockenem Weißwein ablöschen, die Flüssigkeit muss verdunstet sein, bevor dem Risotto etwas Schaltierfond zugegossen wird. Nach und nach den restlichen Fond einarbeiten, bis der Reis „al dente" ist.

Den Risottotopf von der Herdplatte nehmen, restliches Olivenöl, Pesto und Schalenabrieb sowie Zitronensaft unterrühren. Risotto mit Salz und Pfeffer abschmecken, mit dem Hummer- und Scherenfleisch belegen und servieren.

Tipp

Der Kopf des Hummers kann bis zu einem Monat im Gefrierschrank aufbewahrt werden. Daraus lässt sich ein Schaltierfond für andere Risottos mit Hummer zubereiten.

Curryrisotto *mit grünem Apfel*

Zubereitung: 10 Min. ✳ Garzeit: 18–20 Min.

2–3 Granny Smith Äpfel

Saft einer ½ Zitrone in ½ l kaltem Wasser

4 EL Schalotten, fein gehackt (ca. 30 g)

2–3 EL natives Olivenöl (ca. 20 ml)

50 g Butter

300 g Reis

70 ml trockener Weißwein

ca. 1 l Hühner- oder Gemüsebrühe *(Grundrezept Seite 6 und 7)*

ca. ½ TL Madras-Curry (ca. 5 g), Menge nach Geschmack und Intensität des Currypulvers

50 g Parmesan, gerieben

Salz und weißer Pfeffer aus der Mühle

1 Zweig frische Minze

Die Äpfel waschen, Kerngehäuse entfernen und zwei Äpfel schälen. Geschälte Äpfel in kleine Würfel schneiden, ungeschälten Apfel in dünne Spalten schneiden. Apfelwürfel und -spalten bis zu ihrer Verwendung im Zitronenwasser einlegen. So wird verhindert, dass ihr Fruchtfleisch braun wird.

Im Risottotopf Schalotten in etwa 2 EL Olivenöl mit einem kleinen Stück Butter anbraten. Reis hinzufügen und ein paar Minuten unter Rühren erhitzen, bis er glasig wird. Mit trockenem Weißwein ablöschen. Sobald die Flüssigkeit aufgesogen ist, nach und nach die Brühe einarbeiten.

Ist der Reis „al dente", den Risottotopf von der Herdplatte nehmen und mit Curry würzen. Die Apfelwürfelchen auf Küchenkrepp trocken tupfen und unter den Risotto rühren. Zum Schluss mit Parmesan und der restlichen Butter verfeinern.

Mit Salz und Pfeffer abschmecken, mit abgetropften Apfelspalten und einigen frischen Minzblättern dekorieren und sofort servieren.

Tipp
Bei diesem Rezept kann der traditionelle Risottoreis durch Vollkornreis ersetzt werden. Dann verlängert sich die Garzeit auf 40–45 Minuten und die Flüssigkeitsmenge für die Brühe erhöht sich um etwa ½ Liter.

Auberginenrisotto mit Ziegenkäse

Zubereitung getrocknete Tomaten: mind. 4½ Stunden – am Vortag zubereiten ❋ Zubereitung des restlichen Rezepts: ca. 1 Stunde ❋ Garzeit Auberginen: 45 Min. ✦ Risotto: 18–20 Min.

Getrocknete Tomaten

400 g Datteltomaten

2–3 EL natives Olivenöl (ca. 20 ml)

Zucker

Salz/weißer Pfeffer aus der Mühle

1 Basilikumzweig

1 Thymianzweig

1 Knoblauchzehe, geschält und in feine Scheiben geschnitten

Risotto

2 runde Auberginen

60 g natives Olivenöl

40 g Butter

4 EL Schalotten, fein gehackt (ca. 30 g)

250 g Reis

ca. 1 l Hühner- oder Gemüsebrühe *(Grundrezept Seite 6 und 7)*

60 g frischer Caprino (italienischer Ziegenkäse), gerieben

Salz und weißer Pfeffer aus der Mühle

Tomaten: Tomaten waschen, der Länge nach halbieren und die Stielansätze entfernen.
Backofen auf 90 °C vorheizen.
Ein Backblech mit Olivenöl einfetten, das Blech mit Salz, Pfeffer, einer Prise Zucker, den in Stücke gezupften Basilikumblättern, Thymianblättchen und dünnen Knoblauchscheibchen einstreuen. Die Tomaten auf dem Blech mit Schnittfläche nach oben nebeneinander anordnen, mit Salz, Pfeffer und etwas Zucker würzen und mit etwas Olivenöl überziehen. Ca. 4½ Stunden im Ofen backen. Die Tomaten sollten am Ende trocken sein und einen intensiven Geschmack haben.

Risotto: Backofen auf 180 °C vorheizen.
Auberginen waschen und vierteln, dabei die Stiele erhalten. Auberginenfleisch einschneiden, die Haut intakt lassen. Auf ein Backblech legen, mit Salz und Pfeffer würzen, mit Olivenöl beträufeln und im vorgeheizten Ofen 40–45 Minuten garen. Auberginen aus dem Ofen nehmen und abkühlen lassen. Mit einem Löffel vorsichtig das Auberginenfleisch von der Haut lösen, dabei die Haut ganz lassen. Das Auberginenfleisch fein hacken.
Im Risottotopf Schalotten in etwa 2 EL Olivenöl mit einem kleinen Stück Butter anbraten. Reis hinzufügen und ein paar Minuten unter Rühren erhitzen, bis er glasig wird. Mit einem Schöpflöffel heißer Gemüsebrühe ablöschen, sobald die Flüssigkeit aufgesogen ist, nach und nach die restliche Brühe einarbeiten. Fünf Minuten vor Ende der Garzeit das fein gehackte Auberginenfleisch unterrühren.
Ist der Reis „al dente", den fertigen Risotto mit der restlichen Butter und dem Caprino-Käse verfeinern. Auf Tellern verteilen und die getrockneten Tomaten mit Kräutern und Knoblauch darüberstreuen.

Tipp: Für eine schöne Präsentation des Risottos eine runde Springform ohne Boden auf die Servierplatte setzen. Die Form mit der gekochten Auberginenhaut auslegen, Stiele an der Wand der Springform, und den fertigen Risotto hineingießen. Die Stielansätze der Auberginen über den Risotto ziehen. Zwei Minuten warten und dann den Ring entfernen. Die Oberfläche des Risottos mit den getrockneten Tomaten dekorieren und sofort servieren.

Gefüllte Gemüsepaprika
mit Scampi-Risotto

Zubereitung: ca. 1 Stunde ✻ Garzeit Gemüse: 35–40 Min. ✦ Risotto: 18–20 Min. ✦ Garzeit im Ofen: 12–15 Min.

4 mittelgroße Gemüsepaprika/
Peperoni (gelb oder rot)

50 ml natives Olivenöl

2½ EL Schalotten, fein gehackt
(ca. 20 g)

1 Knoblauchzehe, geschält und fein
gehackt

1 **Bund** glatte Petersilie, fein
gehackt

200 g Reis

ca. 1 l Schaltierfond

Salz und Pfeffer aus der Mühle

20 Gamberi ohne Kopf und
ohne Panzer, den Schwanz nicht
abtrennen

Backofen auf 160 °C vorheizen. Gemüsepaprika waschen, das obere Drittel abschneiden und als Deckel verwenden. Trennwände und Kerne aus dem Inneren entfernen und die Paprika sowie deren Deckel auf ein Backblech setzen, salzen und leicht pfeffern, Paprika auf den Kopf stellen und mit etwas Olivenöl überziehen. Das Gemüse etwa 35 Minuten im vorgeheizten Ofen garen.

In der Zwischenzeit den Risotto wie auf Seite 9 beschrieben zubereiten: Schalotten, Knoblauchzehe und Petersilie mit dem restlichen Olivenöl anschwitzen. Den Reis unter Rühren darin anbraten, bis er glasig wird und mit dem Schaltierfond ablöschen. Sobald die Flüssigkeit aufgesogen ist, den restlichen Fond nach und nach einrühren. Risotto bei kleiner Hitze köcheln lassen, bis der Reis „al dente" ist. Mit Salz und frisch gemahlenem Pfeffer abschmecken.

Paprika aus dem Ofen nehmen und mit dem Risotto füllen. Fünf Gamberischwänze auf jede Paprika verteilen und den oberen Teil der Paprika als Deckel auflegen. Die Gamberi so platzieren, dass ihre Schwänze nach außen zeigen.
Gefüllte Paprika auf dem Backblech anordnen, weitere 12–15 Minuten im vorgeheizten Backofen bei 160 °C garen und heiß oder lauwarm servieren.

Tipp
Gemüsepaprika kann auch mit anderen Risottoarten gefüllt werden, z. B. mit Zucchinirisotto oder mit einem Tomatenrisotto, der mit einem Pesto aus den hocharomatischen Taggiasca-Oliven (besondere Olivenart aus Ligurien) verfeinert wurde.

Risotto *mit Babykarotten und Lauch*

Zubereitung: 30 Min. ✳ Garzeit Karotten und Lauch: 15–20 Min. ✦ Risotto: 18–20 Min.

200 g Lauch, nur das Weiße

200 g junge Karotten

50 g Butter

250 g Reis

1,2 l Hühner- oder Gemüsebrühe

(Grundrezept Seite 6 und 7)

50 g Parmesan, gerieben

1 Zweig frische Minze

Salz und Pfeffer aus der Mühle

Lauch und Karotten waschen. Karotten schälen und in 3 mm dicke Scheiben, Lauch in 5 mm breite Scheiben schneiden.

Lauchscheiben in einem Topf mit ca. 3 EL Olivenöl anbraten. Die Karottenscheiben hinzufügen, mit 200 ml Brühe ablöschen und bei mittlerer Hitze köcheln lassen, bis das Gemüse gar ist. Mit Salz und Pfeffer abschmecken. Einige Lauch- und Karottenscheiben für die Dekoration beiseite legen, den Rest pürieren.

Im Risottotopf im restlichen Olivenöl ein kleines Stück Butter erhitzen, den Reis darin anschwitzen, bis er glasig wird. Mit heißer Brühe ablöschen und, sobald die Flüssigkeit aufgesogen ist, nach und nach Brühe einrühren. Fünf Minuten vor Ende der Garzeit das Gemüsepüree unter den Risotto rühren.
Wenn der Reis „al dente" ist, den Risottotopf vom Herd nehmen und mit der restlichen Butter und dem Parmesan verfeinern.
Minzblätter in feine Streifen schneiden und unter den Risotto ziehen. Mit Salz und Pfeffer abschmecken.

Risotto in einer schönen Form anrichten und mit den Karotten- und Lauchscheiben dekorieren.

Tipp
Minze verleiht der Kombination aus Karotte und Lauch eine ganz besondere Frische.

Risotto mit getrockneten Tomaten und Zucchini-Tempura

Zubereitung getrocknete Tomaten: 4½ Stunden – am besten am Vortag ✳ Zubereitung der restlichen Zutaten: 30 Min. ✳ Garzeit Risotto: 18–20 Min. ✦ Zucchini: wenige Minuten

Risotto

500 g getrocknete Tomaten
(Zubereitung siehe Seite 28)
50 g Butter
2–3 EL natives Olivenöl (ca. 20 ml)
4 EL Schalotten, feingehackt
(ca. 30 g)
250 g Reis
ca. 1 l Hühner- oder Gemüsebrühe
(Grundrezept Seite 6 und 7)
40 g Parmesan, gerieben
Salz und Pfeffer aus der Mühle

Tempura

200 g Zucchini
100 g Weizenmehl, Type 405
ca. 1 l Erdnussöl
Feines Salz

Die getrockneten Tomaten grob zerhacken.

Zucchini in sehr dünne Streifen schneiden, in ein Sieb legen und leicht salzen. Nach einigen Minuten ziehen sie Wasser und werden dadurch zarter. Zucchinistreifen mit Küchenkrepp vorsichtig trocken tupfen.

Im Risottotopf ein Stück Butter in Olivenöl schmelzen und Schalotten darin anschwitzen. Den Reis unter Rühren ein paar Minuten mitbraten, dann mit der kochenden Brühe aufgießen. Gehackte getrocknete Tomaten hinzufügen und den Risotto zu Ende kochen.

In der Zwischenzeit das Erdnussöl auf 180 °C erhitzen (an einem leicht angefeuchteten Holzspieß bilden sich bei dieser Temperatur kleine Bläschen). Die Zucchinistreifen leicht bemehlen und kross frittieren.

Sobald der Risotto „al dente" ist, vom Herd nehmen und mit der restlichen Butter und dem Parmesan verfeinern. Bei Bedarf mit Salz und Pfeffer abschmecken. Mit dem Zucchini-Tempura servieren.

Tipp

Für weniger Geübte ist es einfacher, nicht zwei verschiedene Kochvorgänge gleichzeitig zu meistern, sondern zuerst die Zucchini zu frittieren und im auf 100 °C vorgeheizten Backofen warm zu stellen.
Den cremigen Risotto zum Servieren auf flache Teller geben und jeweils ein Zucchini-Häufchen in die Mitte setzen oder die Zucchini in kleinen Bambuskörbchen servieren, damit jeder die beiden Gerichte nach eigenem Geschmack mischen kann.

Muschelrisotto mit Melisse

Zubereitung: 1 Stunde ✳ Garzeit Muscheln: 3–4 Min. ✦ Risotto: 18–20 Min.

400 g Miesmuscheln (Cozze)

350 g Venusmuscheln (Vongole)

60 m natives Olivenöl

2 Knoblauchzehen, geschält

130 ml trockener Weißwein

1 Bund Melisse

300 g Reis

700 ml Fischfond *(siehe Seite 6)*

4 EL Schalotten, feingehackt (ca. 30 g)

Salz und Cayennepfeffer

Tipp

Melisse (auch Zitronenmelisse genannt) eignet sich durch ihr Zitrusaroma gut für alle Fischgerichte. Sie passt auch sehr gut zu Scampi, Riesengarnelen und anderen Krustentieren.

Die Miesmuscheln in eine große Schüssel mit Salzwasser legen. Jede Muschel, z. B. mit einer Wurzelbürste, reinigen und entbarten (die zwischen den Muschelschalen herausschauenden Bysusfädchen wegzupfen). Gegebenenfalls weitere Rückstände auf den Muschelschalen mit einem kleinen Messer entfernen. Solange in reichlich Salzwasser wässern, Wasser dabei wechseln, bis es klar bleibt.

Die Venusmuscheln möglichst drei Stunden in kaltem Salzwasser wässern, das Wasser mehrmals wechseln. Die Muscheln ab und zu mit den Händen anheben und vorsichtig gegeneinander stoßen, damit der Sand ausgeworfen wird. Erst kurz vor dem Kochen unter fließendem Wasser abwaschen.

In einem Topf 2 EL Olivenöl erhitzen und den Knoblauch darin bräunen. Miesmuscheln und Venusmuscheln hineingeben, mit Weißwein aufgießen und den Topf mit einem Deckel schließen. Das Ganze drei bis vier Minuten bei starker Hitze kochen, bis sich die Muscheln ganz geöffnet haben.

Abkühlen lassen und dabei Muscheln, die sich nicht geöffnet haben, entfernen. Einige Muscheln für die Dekoration aufheben, alle übrigen aus ihrer Schale herauslösen. Den Muschelsud durch feine Gaze oder durch ein Sieb, das mit einem Kaffeefilter ausgelegt ist, filtern.

Die Blätter der Melisse abzupfen, ein paar für die Dekoration beiseite legen, die restlichen fein zerpflücken.

Im Risottotopf Schalotten mit wenig Olivenöl anschwitzen, Reis darin unter Rühren anbraten und mit Fischfond und der Garflüssigkeit der Muscheln aufgießen.

Wenn der Reis gar und noch immer „al dente" ist, Risotto vom Herd nehmen, ausgelöste Muscheln unterheben und mit dem restlichen Olivenöl und der Melisse verfeinern. Mit wenig Salz und Cayennepfeffer abschmecken.

Die beiseite gelegten Muscheln und die Melisse dekorativ auf den Risotto setzen und sofort im Topf servieren.

Wachteln mit Salbei auf Risotto

Zubereitung: 1 Stunde ✳ Garzeit Wachteln: 25 Min. ✦ Risotto: 18–20 Min.

Wachteln

4 Wachteln

Salz und Pfeffer aus der Mühle

1 Knoblauchzehe, geschält und in Scheiben geschnitten

1 schöner, langer Salbeizweig

2–3 EL natives Olivenöl (ca. 20 ml)

70 ml trockener Weißwein

Risotto

4 EL Schalotten, fein gehackt (ca. 30 g)

2–3 EL natives Olivenöl (ca. 20 ml)

50 g Butter

300 g Reis

ca. 1 l Hühner- oder Gemüsebrühe
(Grundrezept Seite 6 und 7)

40 g Parmesan, gerieben

Salz und Pfeffer aus der Mühle

Wachteln

Backofen auf 180 °C vorheizen.

Wachteln ggf. ausnehmen, reinigen und eventuelle Gefiederreste über einer Flamme absengen. Jede Wachtel innen salzen, pfeffern und ein paar Knoblauchscheiben hineingeben.

Den Salbeizweig als Spieß verwenden und das Geflügel der Reihe nach darauf anordnen. Salzen, pfeffern, in einen Bräter legen und mit Olivenöl übergießen.

Im vorgeheizten Backofen garen und nach ca. zwölf Minuten mit Weißwein übergießen.

Nach Ende der Garzeit den Wachtelspieß aus dem Ofen nehmen, beiseite stellen und im Bratfond warmhalten.

Risotto

Im Risottotopf Schalotten in Olivenöl mit einem Stück Butter anbraten. Den Reis hinzufügen, unter Rühren ein paar Minuten erhitzen, bis er glasig wird. Mit Weißwein ablöschen und sobald die Flüssigkeit aufgesogen ist nach und nach die Brühe einarbeiten.

Wenn der Reis „al dente" ist, den Topf vom Herd nehmen. Risotto mit der restlichen Butter und Parmesan abrunden, mit Salz und Pfeffer abschmecken.

Risotto auf eine Platte geben, die Wachteln darauf anordnen und mit ihrem Bratenfond übergießen.

Tipp

Wählen Sie einen sehr robusten Salbeizweig aus und spitzen Sie ihn an; das erleichtert das Aufspießen der Wachteln.

Risotto mit Gorgonzola und Nüssen

Zubereitung: 15 Min. * Garzeit Risotto: 18–20 Min.

60 g gemischte Nüsse, z.B. Haselnüsse, Pinienkerne, Walnüsse, Erdnüsse, Pistazien, und Mandeln, geschält

300 g Reis

2–3 EL natives Olivenöl (ca. 20 ml)

40 g Butter

ca. 1 l Hühner- oder Gemüsebrühe *(Grundrezept Seite 6 und 7)*

70 g Gorgonzola ohne Rinde, in Stückchen geschnitten

Salz und weißer Pfeffer aus der Mühle

Geschälte Nüsse und Mandeln ohne Fett in einer Pfanne anrösten und grob zerhacken.

Im Risottotopf den Reis in Olivenöl mit einem Stück Butter anbraten. Mit der kochenden Brühe übergießen und den Risotto weiterkochen, bis er „al dente" ist.

Den Topf von der Herdplatte nehmen und den Risotto mit der restlichen Butter und dem Gorgonzola verfeinern.

Zum Schluss die gehackten Nüsse und Mandeln einrühren, mit wenig Salz und Pfeffer abschmecken und sofort servieren.

Tipp

Wird Käse mit intensivem Geschmack verwendet, so benötigt man keine angebratene Schalotte, um den Reis zu würzen. Diese Kombination ist auch perfekt mit rotem Radicchio oder Chicorée, der in Streifen geschnitten angebraten wird, bevor der Reis zugegeben wird.

Für dieses Rezept passt auch Vollkornreis: Die Garzeit verlängert sich dann auf 40–45 Minuten, die Flüssigkeitsmenge für die Brühe muss um etwa ½ Liter erhöht werden.

Safranreisbällchen mit geräuchertem Lachs und Joghurtcreme

Zubereitung: ca. 2 Stunden – Safranrisotto am Vortag zubereiten ✳ Garzeit Risotto: 18–20 Min.
✦ Reisbällchen frittieren: 10–15 Min.

Safranrisotto

(Rezept siehe Seite 48)

150 ml süße Sahne/Rahm
200 g Naturjoghurt, 3,8% Fett
Salz und Pfeffer aus der Mühle
1 unbehandelte Bio-Zitrone, Schale und Saft
1 EL Schnittlauch, feingehackt
180 g geräucherter Lachs in Scheiben
100 g Weizenmehl, Type 405 oder italienisches Mehl, Tipo 00
2 Eier
200 g Weißbrot, gerieben, oder Mie de pain
1,5 l Erdnussöl

Safranrisotto wie auf Seite 48 beschrieben zubereiten, auf ein Backblech gießen und ganz erkalten lassen.

Die Sahne leicht anschlagen, Joghurt unterrühren; mit Salz, Pfeffer, geriebener Zitronenschale, Zitronensaft und Schnittlauch würzen. Joghurtcreme in den Kühlschrank stellen.

Aus dem abgekühlten Risotto Kugeln mit ca. 5 cm Ø formen und in deren Mitte jeweils eine kleine Scheibe zusammengerollten Räucherlachs geben.
Kugeln nacheinander in Mehl, verquirlten Eiern und zuletzt in geriebenem Brot wenden. Anschließend eine Stunde im Kühlschrank ruhen lassen.

Erdnussöl auf 180 °C erhitzen, Reisbällchen darin ausbacken, bis sie rundum golden sind. In kleinen Papiertütchen anrichten und mit der Joghurtcreme servieren.

Tipp
Dieses Rezept ist wunderbar geeignet für eine kreative Resteverwertung; es funktioniert auch mit anderen Risottos und Füllungen, wie gehacktem Fleisch oder gekochtem Gemüse.

Gewürzrisotto mit Honig und Aceto Balsamico

Zubereitung: 20 Min. ✳ Garzeit Risotto: 18–20 Min.

Gewürzmischung

5 Sternanis

½ Zimtstange

10 Kardamomkapseln

¼ Muskatnuss

½–1 TL Fenchelsamen (ca. 3 g)

½–1 TL Sesamsamen (ca. 3 g)

3 Nelken

Risotto

2–3 EL natives Olivenöl (ca. 20 ml)

50 g Butter

300 g Reis

1–2 TL Gewürzmischung

(siehe oben)

ca. 1 l Hühner- oder Gemüsebrühe

(Grundrezept Seite 6 und 7)

40 g Parmesankäse, gerieben

2 EL Akazienhonig (ca. 40 g)

2½ EL alter Aceto Balsamico

(ca. 40 ml)

Salz und weißer Pfeffer aus der

Mühle

In einer kleinen beschichteten Pfanne die Gewürze mit geringer Hitzezufuhr anrösten. Sobald sie zu duften beginnen, in eine Kaffee- oder Gewürzmühle geben und sehr fein mahlen.
Gemahlene Gewürze durch ein feines Sieb geben. Die Gewürzpulvermischung in einem kleinen Glas mit dichtschließendem Deckel aufbewahren.

Im Risottotopf in Olivenöl ein kleines Stück Butter schmelzen lassen. Reis hinzufügen und unter Rühren einige Minuten anbraten, bis er glasig wird. Nach und nach mit der kochenden Brühe aufgießen. Wenn der Reis „al dente" ist, den Topf von der Herdplatte nehmen und den Risotto mit Gewürzpulver, restlicher Butter und Parmesankäse abrunden. Mit wenig Salz und Pfeffer abschmecken.
Als Dekoration mit Honig und Aceto Balsamico einige Fäden über die Oberfläche ziehen und sofort servieren.

Tipp

Während der Risotto zu Tisch gebracht wird, verschmelzen Honig und Aceto Balsamico zu einer süß-sauren Einheit, die durch das Aroma der Gewürze noch verstärkt wird.

Steinpilzrisotto mit Mascarpone

Zubereitung: 1 Stunde ✻ Garzeit Pilze: 10 Min. ✚ Risotto: 18–20 Min.

400 g Steinpilze

60 ml natives Olivenöl

2 Knoblauchzehen, geschält

1 kleiner Thymianzweig

Salz und weißer Pfeffer aus der Mühle

250 g Reis

ca. 1 l Hühner- oder Gemüsebrühe
(Grundrezept Seite 6 und 7)

80 g Mascarpone

3 EL Parmesankäse, gerieben
(ca. 20 g)

Pilze putzen und mit einem Tuch abreiben. Stiele eventuell kürzen und die Pilze in kleine Stücke schneiden.

In einem Topf 2–3 EL Öl erhitzen und die Knoblauchzehen darin bräunen. Knoblauch herausnehmen und die abgezupften Thymianblätter mit den Steinpilzen hineingeben. Bei starker Hitze sieben bis acht Minuten anbraten. Mit Salz und frisch gemahlenem Pfeffer würzen.
Einige Steinpilze für die Dekoration des Gerichts aufheben, den Rest in der Küchenmaschine fein pürieren.

Im Risottotopf das restliche Öl erhitzen, den Reis ein paar Minuten unter Rühren darin anbraten und mit der kochenden Brühe aufgießen. Bereits während der Kochzeit das Steinpilzpüree dazugeben, damit der Reis deren Aroma gut aufnehmen kann.
Ist der Risotto „al dente", den Topf von der Herdplatte nehmen. Den Reis mit Parmesan und Mascarpone verfeinern, mit Salz und frisch gemahlenem Pfeffer würzen.
Die beiseite gelegten Pilze dekorativ darüber verteilen und servieren.

Tipp

In diesem Risotto wird bewusst keine Butter verwendet, weil Mascarpone ein cremiger und besonders fetthaltiger Käse ist. Der Parmesan gibt noch den letzten Schliff, ist aber je nach Intensität vorsichtig zu dosieren. Auch tiefgekühlte Steinpilze eignen sich hervorragend für dieses Gericht. Getrocknete Steinpilze können versuchsweise in einer Kaffeemühle zu Pulver gemahlen werden, das in einem dichtschließenden Glas aufbewahrt werden kann. Es eignet sich sehr gut zum Aromatisieren von Risottos oder Saucen.

Ossobuco auf Risottopuffer

Zubereitung: 1 Stunde ✳ Garzeit Ossobuco: 1 Stunde ✦ Risotto: 18–20 Min.

Ossobuco

4 Beinscheiben vom Kalb

50 ml natives Olivenöl

Salz/weißer Pfeffer aus der Mühle

30 g Butter

je 100 g Karotten, Sellerie und Zwiebeln, gewürfelt

130 ml trockener Weißwein

200 g Dosen-Tomaten, feingehackt

1 EL Gremolata *(siehe Tipp)*

Risottopuffer

2–3 EL natives Olivenöl (ca. 20 ml)

40 g Butter

2½ EL Schalotten, fein gehackt (ca. 20 g), 200 g Reis

1 Prise Safranpulver (ca. 1 g)

70 ml trockener Weißwein

ca. 800 ml Hühner- oder Gemüsebrühe *(Grundrezept Seite 6 und 7)*

40 g Parmesan, gerieben

Salz und Pfeffer aus der Mühle

50 g Butter für die Pfanne

Ossobuco: In einer beschichteten Pfanne 2 EL Olivenöl erhitzen und die gesalzenen und gepfefferten Beinscheiben darin anbraten.

In der Zwischenzeit in einem Schmortopf das restliche Öl mit der Butter erhitzen und die Gemüsewürfel darin anbraten.

Angebratene Ossobuco-Scheiben gut abtropfen lassen und nebeneinander auf das Gemüse legen. Mit Weißwein aufgießen und seine Flüssigkeit fast ganz verdampfen lassen. Erst dann die gehackten Tomaten dazugeben.

Den Schmortopf mit einem Deckel verschließen, den Ossobuco bei schwacher Hitze ca. eine Stunde schmoren. Falls nötig, während des Kochens noch einen Schöpflöffel Brühe dazugeben. Nach Ende der Garzeit die Ossobuco-Scheiben herausnehmen und den Fond einkochen lassen.

Risottopuffer: Risotto wie auf Seite 9 zubereiten, dabei den Safran vor dem Ablöschen im Weißwein auflösen.

Sobald der Reis „al dente" ist, mit Parmesan und restlicher Butter verfeinern, mit Salz und frisch gemahlenem Pfeffer abschmecken. Den Risotto auf ein Backblech gießen und ganz erkalten lassen.

In einer beschichteten Bratpfanne Butter schmelzen, kalten Risotto hineingeben und wie einen großen Pfannenkuchen flachdrücken. Bei mäßiger Hitze fünf bis sechs Minuten gleichmäßig bräunen, dann mit Hilfe eines Deckels wenden und auf der anderen Seite knusprig werden lassen.

Risottopuffer auf eine Servierplatte gleiten lassen und die Ossobuco-Scheiben darauf anrichten. Vor dem Servieren den eingekochten Fond darübergießen und mit der Gremolata aromatisieren.

Tipps: Ossobuco – eines der wichtigsten lombardischen Gerichte – wird traditionell mit Gremolata serviert. Gremolata besteht aus verschiedenen feingehackten Kräutern, abgerundet mit Zitronenschale und einer zerdrückten Sardelle. Meine Mischung beinhaltet Rosmarin-, Salbei, Thymian-, Petersilien- und Basilikumblätter – alles zu gleichen Teilen – und zwei Zesten Zitronenschale (nur das Gelbe). Das Ganze fein hacken. Risottopuffer eignen sich ideal zur Resteverwertung, das Rezept funktioniert auch mit beliebigen anderen Zutaten. Für eine knusprige Oberfläche die Pfanne mit Semmelbröseln oder geriebenem Brot ausstreuen.

Risotto alla Bolognese

Zubereitung: ca. 2 Std. ✳ Garzeit: Ragù alla Bolgonese: 90 Minuten ✦ Risotto: 18–20 Minuten

Ragù alla bolognese

3–4 EL natives Olivenöl (ca. 30 ml)

Je 100 g Karotte, Zwiebel und Sellerie, fein gehackt

1 kleiner Kräuterstrauß (je 1 kleinen Rosmarin- und Salbeizweig mit 1 Knoblauchzehe und 2 Lorbeerblättern mit Küchengarn zusammenbinden)

200 g feines Hackfleisch vom Rind und Kalb

120 ml Milch

200 g Tomaten aus der Dose, feingehackt

Salz und Pfeffer aus der Mühle

Risotto

4 EL Schalotten, feingehackt (ca. 30 g)

2–3 EL natives Olivenöl (ca. 20 ml)

50 g Butter

250 g Reis

1 l Hühner- oder Gemüsebrühe *(Grundrezept Seite 6 und 7)*

30 g Parmesan, gerieben

30 g Parmesan, gehobelt

Salz und Pfeffer aus der Mühle

Ragù alla Bolognese

Das Öl in einem Topf erhitzen und das gehackte Gemüse anbraten. Hackfleisch hinzufügen, bei starker Hitze bräunen und mit einer Gabel gleichmäßig zerteilen.

Milch angießen und fast völlig einkochen lassen, dann die Tomaten und das Kräutersträußchen dazugeben.

Ragù bei kleiner Hitze ca. eine Stunde langsam kochen lassen. Mit Salz und frisch gemahlenem Pfeffer abschmecken.

Risotto

Im Risottotopf bei schwacher Hitze das Öl erhitzen, etwas Butter darin schmelzen und Schalotten anschwitzen.

Reis hinzufügen und ein paar Minuten unter Rühren anbraten, bis er glasig wird. Nach und nach mit der Brühe aufgießen.

Wenn der Reis „al dente" ist, vom Herd nehmen und den Risotto mit der restlichen Butter, dem geriebenen Parmesan und einem Teil der Bolognese-Sauce verfeinern. Mit Salz und Pfeffer abschmecken. Zum Servieren ein paar Löffel Ragù und gehobelten Parmesan darüber verteilen.

Tipp

Mit Vollkornreis wird dieses Gericht zu einem herrlichen Herbst- oder Winterrezept! Die Garzeit verlängert sich dadurch auf 40–45 Minuten, die Flüssigkeitsmenge für die Brühe muss um etwa ½ Liter erhöht werden.

Risotto-Artischocken-Kuchen
mit Lammkoteletts

Zubereitung: ca. 1 Stunde – Reis schon am Vortag zubereiten ✳ Garzeit Reiskuchen: 50 Min.
✚ Lammkoteletts: 40 Min.

Reiskuchen

150 g Reis, ½ l Milch

1 Prise Muskatnuss

50 ml natives Olivenöl

1 Knoblauchzehe, geschält

Thymian und Majoran

8 Artischockenherzen

120 ml Gemüsebrühe

(Grundrezept Seite 7)

Salz und Pfeffer aus der Mühle

4 Eigelbe, 4 Eiweiß, steif geschlagen

50 g Butter, geschmolzen

1 EL Maisstärke (Speisestärke)

30 g Parmesan, gerieben

Salz und Pfeffer aus der Mühle

geschmolzene Butter und Semmelbrösel zum Auskleiden der Form

Lammkoteletts

je 100 g Karotten, Sellerie, Zwiebeln und Champignons

50 ml natives Olivenöl

300 g Lammcarrée, pariert

70 ml trockener Weißwein

200 g passierte Tomaten

Salz und Pfeffer aus der Mühle

Reiskuchen

Milch und Reis in einen Topf geben, bei schwacher Hitze kochen und mit einer Prise Muskatnuss würzen. Danach ganz erkalten lassen.
In einem anderen Topf das Öl mit Knoblauch und den abgestreiften Thymian- und Majoranblättchen würzen. Artischockenherzen und Brühe hinzugeben, zudecken und 15 Minuten bei kleiner Hitze kochen. Anschließen mit Salz und Pfeffer abschmecken.
Backofen auf 180 °C vorheizen.
Verquirlte Eigelbe mit dem gegarten, abgekühlten Reis vermischen, geschmolzene Butter, Maisstärke, Parmesan, wenig Salz, Pfeffer und das geschlagene Eiweiß hinzufügen.
Die Wände einer Kastenform mit geschmolzener Butter einpinseln und mit Semmelbröseln ausstreuen. Die Hälfte des Reisteigs in die Form geben. Gegarte Artischocken gut abtropfen lassen und darauf verteilen, mit dem restlichen Teig abschließen.
Den Reiskuchen im vorgeheizten Backofen auf der zweiten Schiene von unten 30–35 Minuten backen.

Lammkoteletts

Gemüse schälen, Gemüse und Pilze in Würfel schneiden und in einem Schmoropf im erhitzten Öl anbraten.
Carrée hinzufügen und von allen Seiten anbraten. Weißwein angießen, fast verdampfen lassen, und passierte Tomaten hinzufügen. Im geschlossenen Schmortopf bei mäßiger Hitze ca. 45 Minuten garen.
Zum Schluss mit Salz und frisch gemahlenem Pfeffer abschmecken.
Reiskuchen aus der Form nehmen, in Scheiben schneiden und das in Koteletts zerteilte Lammcarrée dazu servieren.

Tipp

Der Reiskuchen schmeckt auch mit einem Ragù alla Bolognese (siehe Seite 50) oder mit einer schnellen Tomaten-Basilikum-Sauce.

Reis *mit weißen Bohnen und schwarzem Trüffel*

Zubereitung: 15 Min. – Bohnen am Vortag einweichen ❋ Garzeit Bohnen: 45–60 Min.
✦ Risotto: 18–20 Min.

Bohnen

150 g Cannellini-Bohnen,
getrocknet
grobes Salz
2 EL natives Olivenöl
1 kleiner Kräuterstrauß
(je 1 kleinen Rosmarin- und Salbeizweig mit 1 Knoblauchzehe und
2 Lorbeerblättern mit Küchengarn
zusammenbinden)

Risotto

4 EL Schalotten, feingehackt
(ca. 30 g)
2–3 EL natives Olivenöl
50 g Butter
250 g Reis
70 ml trockener Weißwein
ca. 1 l Hühner- oder Gemüsebrühe
(Grundrezept Seite 6 und 7)
40 g Parmesan, gerieben
20 g schwarzer Trüffel
Salz und weißer Pfeffer aus der
Mühle
1 kleiner Rosmarinzweig,
abgezupft und feingehackt

Bohnen

Die Bohnen am Vorabend in Wasser einweichen.
Eingeweichte Bohnen abtropfen lassen, in einen Topf geben und mit reichlich Wasser aufgießen. Eine gute Prise grobes Salz, Olivenöl und das Kräutersträußchen hinzufügen und langsam zum Kochen bringen. Abschäumen und solange kochen, bis die Bohnen zart sind. Ein paar Löffel Bohnen aufheben, den Rest durch ein Passetout drehen.

Risotto

Im Risottotopf Schalotten in Olivenöl mit einem Stückchen Butter anschwitzen und den Reis ein paar Minuten unter Rühren darin anbraten, bis er glasig wird. Weißwein aufgießen und verdampfen lassen. Nach und nach die kochende Brühe schöpflöffelweise hinzufügen (siehe Hinweis auf Seite 9). Noch während der Kochzeit das Bohnenpüree unter den Risotto rühren.
Wenn der Reis „al dente" ist, den Topf vom Herd nehmen und den Risotto mit der restlichen Butter, dem Parmesan, den ganzen Bohnen und dem feingehackten schwarzen Trüffel verfeinern.
Bei Bedarf mit Salz und Pfeffer abschmecken und zum Servieren mit den feingehackten Rosmarinnadeln überstreuen.

Tipp

Man kann die Bohnen auch in mehr Wasser kochen und die Brühe für den Risotto dadurch ersetzen.
Bei besonderen Anlässen weißen Albatrüffel darüberhobeln.

Risotto all'amatriciana mit altem Pecorino

Zubereitung: 40 Min. ✳ Garzeit Amatriciana-Sauce: 15 Min. ✦ Risotto: 18–20 Min.

Amatriciana-Sauce

1 kleine rote Zwiebel, geschält

3–4 EL natives Olivenöl (ca. 30 ml)

½–1 TL Chilischote/Peperoncini, feingehackt

150 g Bauchspeck, in dünne Streifen geschnitten, oder geräucherte Schweinebäckchen, gewürfelt

50 ml trockener Weißwein

200 g passierte Tomaten

1 kleiner Basilikumstängel

Salz

Risotto

250 g Reis

3–4 EL natives Olivenöl (ca. 30 ml)

40 g Butter

ca. 1 l Hühner- oder Gemüsebrühe
(Grundrezept Seite 6 und 7)

50 g alter Pecorino (italienischer Hartkäse aus Schafsmilch), davon 20 g gerieben und 30 g fein gehobelt

Salz und Pfeffer aus der Mühle

einige Basilikumblätter

Amatriciana-Sauce

Zwiebel in sehr dünne Scheiben schneiden und in einem Topf mit Olivenöl und Peperoncini anschwitzen.

In einer beschichteten Pfanne den Bauchspeck bei starker Hitze anbraten. Das überschüssige Fett abgießen, Speck mit Weißwein aufgießen und einkochen lassen.

Pfanneninhalt zur Zwiebel in den Topf geben, passierte Tomaten und kleingezupftes Basilikum hinzufügen. Die Sauce ungefähr 15 Minuten kochen und mit wenig Salz abschmecken.

Risotto

Im Risottotopf Olivenöl mit einem Stückchen Butter erhitzen und den Reis darin unter Rühren anbraten, bis er glasig ist. Mit der kochenden Brühe ablöschen und den Risotto wie in der Einleitung auf Seite 9 beschrieben kochen.

Nach 12–15 Minuten einen Großteil der Amatriciana-Sauce einrühren und den Risotto zu Ende kochen.

Ist der Reis „al dente", den Topf vom Herd nehmen und den Risotto mit der restlichen Butter und dem Pecorino verfeinern. Bei Bedarf mit wenig Salz und Pfeffer abschmecken.

Restliche Sauce, gehobelten Pecorino und ein paar Blätter Basilikum über dem Risotto verteilen und sofort servieren.

Tipp

Diese Sauce wird normalerweise zur Pasta serviert, sie passt aber auch gut zu Risotto.

Bauchspeck kann auch durch rohen Schinken oder Salsiccia – eine grobe italienische Schweinswurst, die je nach Region unterschiedlich gewürzt ist – ersetzt werden.

Risotto mit Entenbrust und Gartenkräutern

Zubereitung: 20 Min. ✳ Garzeit Entenbrust: 15 Min. ✚ Risotto: 18–20 min.

1 Entenbrust (ca. 400 g)

3–4 EL natives Olivenöl (ca. 30 g)
50 g Butter
4 EL Schalotten (ca. 30 g),
fein gewürfelt
300 g Reis
ca. 1 l Hühner- oder Gemüsebrühe
(Grundrezept Seite 6 und 7)
70 ml trockener Weißwein
40 g Parmesan, gerieben
Salz und Pfeffer aus der Mühle
2 EL frische Gartenkräuter, fein
gehackt (Rosmarin, Salbei,
Thymian, Minze, Schnittlauch,
Basilikum, Petersilie, Estragon)

Entenbrust

Backofen auf 180 °C vorheizen.
Entenbrust putzen, eventuell Sehnen entfernen und die Haut rauten-
förmig einschneiden, ohne das Fleisch darunter zu verletzen.
Eine beschichtete Pfanne erhitzen und die gesalzene und gepfefferte
Entenbrust mit der Haut nach unten hineinlegen. Das in ihr enthal-
tene Fett reicht aus, um sie rundherum anzubraten.
Anschließend im vorgeheizten Ofen noch ca. zehn Minuten fertig-
garen.
Entenbrust herausnehmen und auf einer Warmhalteplatte abgedeckt
ruhen lassen.

Risotto

Im Risottotopf ein Stückchen Butter im Olivenöl schmelzen lassen.
Schalottenwürfel darin bräunen und den Reis ein paar Minuten unter
Rühren anbraten, bis er glasig wird. Mit Weißwein aufgießen und die
Flüssigkeit verdampfen lassen.
Dann mit der kochenden Brühe aufgießen und den Risotto wie auf
Seite 9 weiterkochen.
Ist der Reis „al dente", den Topf vom Herd nehmen, die gehackten
Kräuter unter den Risotto rühren und mit der restlichen Butter und
dem Parmesan verfeinern. Zum Schluss bei Bedarf mit Salz und
Pfeffer abschmecken.
Risotto auf vier Tellern anrichten und mit dünnen Scheiben der
Entenbrust garnieren.

Tipp

*Die Gartenkräuter können Sie ganz nach Belieben auswählen; geben
Sie sie immer erst nach Ende der Kochzeit dazu, damit ihre Aromen
erhalten bleiben.*

Risotto mit Brandy und Orangenfilets

Zubereitung: 20 Min. ✳ Garzeit: 18–20 Min.

3 unbehandelte Bio-Orangen

3–4 EL natives Olivenöl (ca. 30 ml)

40 g Butter

300 g Reis

ca. 1 l Hühner- oder Gemüsebrühe

(Grundrezept Seite 6 und 7)

30 g Parmesan, gerieben

40 ml guter Brandy

Salz und Pfeffer aus der Mühle

Mit einem Schälmesser die Schale einer Orange ohne die weiße Haut abschälen und in feine Streifen schneiden. Orange auspressen und ihren Saft aufheben. Die anderen beiden Orangen als Ganzes schälen und filetieren (die Filets dabei vorsichtig mit einem scharfen Messer aus der Haut lösen).
Orangenzesten in kochendem Wasser eine halbe Minute kochen, mit einem Schaumlöffel herausheben und unter fließend kaltem Wasser abschrecken.

Im Risottotopf den Reis mit Öl und etwas Butter anbraten. Mit der kochenden Brühe aufgießen und den Risotto wie auf Seite 9 kochen. Fünf Minuten vor Ende der Kochzeit den Orangensaft dazugeben.
Ist der Reis „al dente", den Topf vom Herd nehmen und den Risotto mit Brandy, der restlichen Butter und dem Parmesan abrunden. Mit wenig Salz und Pfeffer abschmecken.
Zum Servieren die Orangenzesten und Orangenfilets darüber streuen.

Tipp

Ein idealer Risotto fürs Weihnachtsessen! Wahlweise mit Brandy, Cognac oder Armagnac abgeschmeckt.

Reis-Timbale mit pochiertem Ei und neapoletanischer Tomatensauce

Zubereitung: 1 Stunde * Garzeit: Sauce. 45 Min. + Timbale: 15 Min.

Timbale

150 g Reis

½ l Hühner- oder Gemüsebrühe (Grundrezept Seite 6 und 7)

2 Eigelbe

2 Eiweiß, steif geschlagen

60 g Mozzarella, gewürfelt

½ TL Sardellenpaste

1 gute Prise Oregano-Pulver

1 ½ EL geschmolzene Butter für die Förmchen (ca. 20 g)

50 g Semmelbrösel oder Mie de pain

Salz und Pfeffer aus der Mühle

Sauce

6–7 EL Zwiebel, fein gehackt (ca. 50 g)

3–4 EL natives Olivenöl (ca. 30 ml)

4–5 Basilikumblätter

50 ml Rotwein

1 EL Tomatenmark

200 g passierte Tomaten

Salz und Pfeffer aus der Mühle

4 pochierte Eier

Reis in einen Risottotopf geben und mit kochender Brühe bedecken. Bei mäßiger Hitze kochen, bis die Brühe ganz aufgesogen ist. Gekochten Reis auf ein Backblech geben und ganz erkalten lassen.

Für die Sauce Zwiebeln in Olivenöl anschwitzen, Basilikumblätter in Stücke zupfen und hinzufügen, mit dem Rotwein aufgießen. Wenn die Flüssigkeit fast verdampft ist, das Tomatenmark hinzufügen und unterrühren. Mit passierten Tomaten aufgießen und bei schwacher Hitze 30–35 Minuten einkochen lassen. Zum Schluss im Mixer oder mit dem Pürierstab pürieren und mit Salz und Pfeffer abschmecken.

Backofen auf 180 °C vorheizen.
Den abgekühlten Reis in eine Schüssel geben, mit Eigelben, Mozzarella, Sardellenpaste, Oregano, wenig Salz und Pfeffer vermischen. Zum Schluss den Eischnee unterziehen.
4 Timbale-Förmchen (konisch zulaufende, ofenfeste Becherförmchen) mit geschmolzener Butter einpinseln und mit Semmelbröseln ausstreuen. Die Reismischung hineinfüllen und 15 Minuten im vorgeheizten Backofen backen.

Reis-Timbale auf die Mitte der Teller stürzen, auf jedes ein pochiertes Ei setzen und mit der Tomatensauce garnieren.

Tipp

Die Sardellenpaste „zerschneidet" den leicht fetten Geschmack, den das nur wenig gekochte Eigelb im Mund hinterlassen kann. Die salzige Komponente der Sardellenpaste wirkt hier ausgleichend und gibt dem Gericht den letzten Pfiff.

Anhang

In derselben Reihe bereits erschienen

Pizza Originale
Knusprige Kreationen aus Italien
von Alessandra Avallone
Fotos: Francesca Moscheni
64 Seiten, 40 Fotos
ISBN 978-3-7750-0598-2

Weitere Informationen über
Genussbücher bei:

Hädecke Verlag GmbH & Co. KG
Postfach 1203
71256 Weil der Stadt b. Stuttgart
Deutschland
Telefon +49(0) 70 33 / 13 80 80
Fax +49(0) 70 33 / 138 08 13
info@haedecke-verlag.de
www.haedecke-verlag.de

Rezeptverzeichnis